Laura Schäfer

Liebendes Leben

Laura Schäfer

Liebendes Leben

Rediroma-Verlag

Bibliografische Information der Deutschen Nationalbibliothek:
Die Deutsche Nationalbibliothek verzeichnet diese Publikation in der Deutschen Nationalbibliografie; detaillierte bibliografische Daten sind im Internet über http://portal.dnb.de abrufbar.

ISBN 978-3-98885-390-5

Umschlagillustration: Sequoya (shutterstock.com)

www.rediroma-verlag.de
11,95 Euro (D)

An meine allerliebste Oma, in Erinnerung an unsere Erzählnachmittage

Inhalt

„Das Verlorensein im Moment ist das wertvollste Gut deiner Lebenszeit.“

Seelen

Schwebende Leichtigkeit.
Hauchzarte Verführung.
Singende Einsamkeit.
Andauernde Berührung.
Stetige Wanderung.
Anfälligkeit zur Verwundung.
Besondere Kommunikation- im gleichsprachigen Ton.
Mühevolle Überwindung, für solch kostbare Verbindung.
Anhaltende Beständigkeit, bis hin zur Unendlichkeit.

Bevor du gehst

Bevor du gehst, möchte ich gerne deine sich ablösende Schale in den Händen gehalten haben. In ihr so viele liebenswerte Gaben. Sie löste sich nach meiner Auflösung in Tausende Glitzerfunken auf. Wie kleine Mosaikteilchen, so ineinander verwoben und einzigartig schön. Bevor du gehst, möchte ich dich in deiner Seele umwoben haben, sodass ein Teil deiner Seele sich wie ein Puzzleteil zu einem ganzen fügt. Bevor du gehst, möchte ich die entscheidenden wirksamen Worte gesagt haben, auf die du so sehr gewartet hast. Bevor du gehst, sollte sich dein Herz dem meinigen geöffnet haben, an einer Stelle, die ihre Schleuse für mich öffnen wollte. Es strömen liebende Impulse, die sich in unseren Herzen ausbreiten und neue, lodernde Funken verströmen. Bevor du gehst, versiegelten sich unsere Lippen, wie kleine elektrische Stromschläge pulsierend und immer weiter sich gegenseitig aufladend. Bevor du gehst, bist du schon von mir gegangen, deine Schritte in dieser großen, leeren Halle verblassten und verklangen.

Traumwelt des Ichs

Ich meinte, zu ahnen, wie es wäre, im Raum der Selbstlosigkeit ohne Grenzen immer wieder bei dir anzuklopfen. Du öffnest mir, ich trete ein und ich kann nur noch staunen, denn ich bin ummantelt von Geborgenheit und Zartheit. Diese Kraft der Anziehung, ich kann es nicht mehr vollbringen, sie zu durchbrechen. Spielerisch leicht ist sie und doch so voller Macht. Ich erblicke deine Augen, welche doch nur eine Reflexion meines Ichs sind. Wenn ich sie ansehe, denke ich an strahlende Sommertage, wir spielten am Wasser, dessen reine Klarheit all meine Tränen von dir auffing, denn es war deine Seele, die dir einst davonschwamm und durch mich nun Flügel bekam. Du streckst deine Hand aus und wenn ich sie berühre, merke ich, wie ich auch einen Teil von mir berühre. Es ist der Teil, welcher sich so nach vollkommener Ganzheit sehnte. Selbstlos sind wir, denn wir gehen Stück für Stück von der Auflösung des Ichs in den Raum der nie endenden Selbstlosigkeit über. Komm, mach weiter so, denn sonst würde ich an deinen Scherben der Auflösung zerbrechen.

Der Stachel

Oh, trotzdem, du gefährlicher Stachel der Liebe, lasse ich es zu, dass du mich berührst. Ja und diese Ungewissheit, wohin du mich führst, spielt keine Rolle für mich. Denn ich weiß, meine Gefühle zu kontrollieren, ist unmöglich für dich. Doch wenn du mich dann plötzlich stichst, überkommen mich große Schmerzen. Warum schonst du mich nicht, denn du durchschaust doch die Schwachheit der Herzen. Ich lasse es zu, mich in die Gefahr deiner Anwesenheit zu begeben. Denn vor deinem Stachel herrschten einst blühende Rosenreben. Allein für diese Zeit deiner Liebe lohnte es sich, zu leben.

Wenn du

Wenn du dich vor mich stellst, dann ist dies ein eigenartiger Prozess der unendlichen Durchströmung meiner Sinne. Über meiner Hautfläche prickelst du wie unzählige bunt vermischte Brausebonbons. Und bis diese Wirkung zergeht, bist du, ohne es zu wissen, bereits komplett durch mich durchgeströmt. Und du berührst bereits verborgene Stellen von mir neu und sie entfalteten sich. Und wenn sich unsere Augen ansehen, dann sehe ich die widerspiegelnde Form eines unverhüllten Selbst vor mir. Denn wenn du mich ansiehst, dann durchdringst du meine Haut, du legst dich darunter, dorthin, wo die Brausebonbons den Weg deiner Wirkung für dieses Gefühl für uns beide ebneten.

In Flammen

Du entflammst etwas in mir. Selbst ein winziger Funke von dir bringt das Feuer zum Lodern in mir. Dein Blick entflammt es, du bringst mich an den Rand meines Verstandes. Dein flammender Flügel, ich sehe sein Flackern bis über den höchsten Hügel. Selbst deine Asche welche befruchtet meinen Boden, kommt mit beflügelnder Leichtigkeit in meine hungrige Seele geflogen. Das Brennen darin ist sagenhaft umwoben. Selbst wenn deine Flammen erlöschen und wir in Schutt und Asche liegen, brennt mein Herz weiter, sodass wir uns immer noch auflodernd lieben.

Unser Weg

Wohin mag er uns führen? Wen wirst du zu deinem Lebensbegleiter erküren? Welche Umwege musst du gehen, bis wir uns endlich gegenüberstehen? Welche Schluchten und Gipfel musst du besiegen, bis wir uns in den Armen liegen? Durch welche steinigen Täler musst du gehen? Bis sich unsere Herzen sehen? Wie oft meintest du, dein Weg war zu Ende? Doch er fand immer wieder eine glückliche Wende. Wie oft müssen wir uns bekriegen? Bis wir uns endlich richtig lieben?

Bei Nacht

Bei Nacht spüre ich, wie in mir alles erwacht. Meine Seele fliegt hinaus ganz leise und sacht. Alles ist friedlich und schön. Ich wünschte, dieser Augenblick würde nie vorübergehen. Wie magische Zauberei ziehst du an mir vorbei. Die Sterne haben im Traum zu mir gewunken, in einem sah ich dich und war sofort versunken. Aus deinen Augen sprühten strahlende Funken. Von deiner unfassbar schönen Liebe war ich sofort betrunken.

Wenn ich Flügel zum Schweben hätte

Wenn ich Flügel zum Schweben hätte, würde ich mich zunächst loslösen von allem irdischen Sein. Alle Worte, die ich hörte, wären nichtig, denn ich falte meine Flügel auf und mit jedem Flügelschlag fällt ein Teil von ihnen zurück auf den Sagenden herab. Und die Worte, sie verfliegen, sie sind vom Winde verweht. Ganz gleich, ob sie verfallen oder ob ihre Wirkung noch besteht. Wenn ich Flügel zum Schweben hätte, wäre meine Seele frei, nichts könnte sie mehr festhalten und die schönsten Orte, wo sie landet, würden mein kleines Vogelherz entfalten. Wenn ich Flügel zum Schweben hätte, würde nur ihr Flügelschlag mich lenken. Auch dein Herz ist nur ein sanfter Flügelschlag für mich, denn ich kann nie aufhören, in schwereloser Freiheit zu fliegen. Würdest du dich jemals davon loslösen können, einen davonfliegenden Vogel zu lieben? Denn es ist dieser eine Moment, in dem der Vogel dich einfängt mit der Macht seiner Leichtigkeit. Denk daran, dass er dich nur hauchzart berührt, aber nie länger bei dir als eine kurze Zeit verweilt.

Morgensonne

Immer wiederkehrend erscheinst du am Horizont. Und mit deinem Erscheinen erneuerst du mich immer wieder. Wenn ich dich sehe, ertönen in mir die schönsten Lieder. All meine Ängste und Sorgen bleiben unter deinem goldenen Mantel. Du bist die Offenbarung für das, was sonst so verdeckt war. Wenn ich deine Wärme spüre, weiß ich, was wahre Liebe für mich war. Auf dein stetiges Erscheinen ist Verlass, ich bete dafür, dich für immer zu spüren ohne Unterlass.

Zitate:

„Die Zeit fließt mir davon, die Erinnerung an dich holt sie zurück."

„Wer die Magie des Einfachen erfasst hat, wird schweben."

„Geh mit einem Sieb durchs Leben und siebe dir das heraus, was die größten Kostbarkeiten deines Lebens enthält."

Ungreifbar

Ich möchte nach deiner Hand greifen. Doch ich werde sie nie erreichen. Ich möchte an deinen Augen begreifen, wie weit sie in die Tiefe reichen. Ich möchte dein Herz begreifen, damit unsere Herzen verschmelzen und eine Verbundenheit erreichen. Ich möchte deine Seele ergreifen, doch sie schwebt davon und landet unter ihresgleichen. Ich wünschte, auch du würdest so nach mir greifen, um zu erkennen, dass wir nur miteinander reifen. Die Liebe zwischen uns beiden wäre wunderbar, doch du bist wie ein Vogel für mich, davonfliegend ungreifbar.

Weißt du, was entscheidend ist?

Weißt du, was für mich entscheidend ist in diesem bunten Leben?

Entscheidend ist, dass ich eine mich liebende Hand gehalten habe, nämlich die deine.

Eine Hand, die mich mehr wollte als ich mich selber.

Eine Hand, die mich in jeder Zeit der Dunkelheit, als das Leben mich verschlucken wollte im dunklen Tunnel und wo keiner mich erkannte, so, wie es wirklich in mir aussieht, auffängt und wieder in die helle spielerische Lebendigkeit zurückzieht.

Eine Hand, welche mich bedingungslos ummantelt, weit weg von dem Wollen purer Körperlichkeit. Eine Hand, die sich um die meine schließt, ohne die mir so geliebte Freiheit zu nehmen. Eine Hand, die mich jedes Mal aufs Neue mit Wärme und Vollendung erfüllt.

Als du gekommen bist

Du bist nicht von hier gekommen, nein, völlig losgelöst vom Hier und Jetzt.
Du öffnest Türen, welche eigentlich bereits verschlossen waren, und dann tratst du hinein in einen Raum voller Gleichgültigkeit und Leere. Du sahst mich an und ich erkannte dein Wollen, deinen unbeschreiblichen Blick so voller Güte und Zärtlichkeit. Und ich ließ dich hinein zu mir. Ich öffnete mich tiefer, als ich es je für jemanden tun konnte. Es war wie eine gleichzeitige Hingabe unserer Herzen zueinander.

Der Weg zu dir

Der Weg zu dir war lang, mein Ankommen schwebte in der Ferne. Der Weg zu dir war hoffnungsvoll, wenn ich dich ansehe, meine ich, ich blicke in die Sterne. Der Weg zu dir war unwegsam und steil. Manchmal wurde ich zurückgeworfen, zwischen uns warf sich ein Keil. Der Weg zu dir führte mich in ein Tal hinab. Dort erst erkannte ich, was ich an mir selbst zu lieben hab. Der Weg zu dir war nie gerade, oft strauchelte ich in abseits verborgene Pfade. Der Weg zu dir wird dann erst enden, wenn du mir entgegenläufst, unsere Seelen verbinden sich und wir präsentieren unsere geöffneten Herzen auf unseren Händen.

Du das Wasser, ich der Fels

Du das Wasser, das den Fels umspülte. Ich der Fels, der deine unendliche Kraft erspürte. Du möchtest mich formen, mich ins tiefste Innerste durchdringen. Du bist kämpferisch stark, du hörst niemals auf zu glauben an meinen tiefsten Kern. Du überschwemmst all meine Leere mit deiner glitzernden Reinheit, hältst Verschmutzungen fern. Deine Lebendigkeit ist unersättlich für einen Fels, so wie mich. Hör nie damit auf, denn nur du bist die pure Vollendung in sich.

Glaubst du an Wunder?

Glaubst du an Wunder, die jede einzelne Dimension deines Verstandes übersteigen? Falls ja, komm mit und tanz mit mir den Wunderreigen. Ein kleines Wunder kann dir jeden Tag passieren, öffne deine Augen, damit sie die Magie des Wunders nie verlieren. Glaubst du an Wunder wie das Entstehen von Liebe? Was würdest du tun, wenn sie dich schwaches Wesen besiegte? Das Wunder der Liebe, wie kann es geschehen? Glaubst du daran, dass solche Wunder auch wieder vergehen? Glaubst du, ein Wunder wird sich nie zu dir hingezogen fühlen, dann gib acht. Denn du allein bist die Vollendung dessen, was ein Wunder am liebsten macht.

Ich blicke auf

Ich blicke auf ein neues Jahr voller versteckter Hoffnungen. Noch hinter Schleiern bedeckte Träume. Von Sonnenlicht durchstrahlte Sehnsüchte und Wünsche. Sanft, ganz sanft spüre ich, wie mich etwas anhebt und wieder in neue Richtungen schwebt. So rein und frisch und klar liegst du vor mir, neues Jahr. Und dann blicke ich auf zu dir, du bist das Einzige, in dem ich mich immer wieder von vorne verlier.

Ich fühle dich

Als ein warmer Windhauch meine Haut bestrich. Da, meine Liebe, spürte ich dich. Als aus einer Quelle trank ich, da, meine Liebe, hast du mich betrunken gemacht. Als Regen benetzte meine Haut. Da, meine Liebe, habe ich an dich geglaubt. Als Sonne bestrahlte mein Gesicht. Da, meine Liebe, sah ich dein leuchtendes Licht. Als der Sturm an mir rüttelte, da, meine Liebe, erfuhr ich die Zärtlichkeit, die sich in mir verschüttete. Als das Grellen der Blitze blendete mich, da erst, meine Liebe, fühlte ich dich.

Du und ich

Du sagst, du willst mich bei dir haben. Meine Nähe, dich an mir erlaben, dein Herzschlag will sich meinem anpulsieren. Ich denke, du könntest mich niemals mehr wollen als jetzt. Die Zeit vergeht schnell und ebenso die Karte, die du auf mich setzt. Du und ich, zwei Wesen immer enger miteinander verschlungen. Sag, erinnerst du dich noch, wie wir haben den Reigen unserer Zärtlichkeit gesungen?
Ich meinte, mich zu erinnern an unseren gemeinsam getanzten Reigen. Er kam so plötzlich und dann endete er im Schweigen. Im Schweigen, oh, wie tief deine Blicke, sie fingen die meinen regelrecht in sich auf. Du fließt wie der Strom des Flusses und ich nehme es in Kauf. Ja, ich nehme es in Kauf, dich dahin fließen zu lassen, wo du hergekommen bist. Doch eigentlich solltest du realisieren, wie tief meine Liebe zu dir ist.

Liebendes Leben (Dialog)

Ich: „Lebendiges Leben, kostbar sind deine Stunden, die so schnell an mir vorbeischweben. Ich möchte dich oft herauszögern, dich abhalten von der rasanten Zeit. Doch ich kann nie über dich verwalten. Manchmal möchte ich dich beschleunigen, mich schnell in dich hineinstürzen. Doch ich merke kaum, wie ich dich so missbrauchen kann, bitte sag mir, wie ich dich behandeln soll und wann? Ja, wann ist die richtige Zeit mit dir im Einklang zu leben?"
Leben: „Ich möchte dich ausfüllen mit unsichtbaren Kostbarkeiten, ja, ich bin unmessbar wie die Wechsel der Jahreszeiten. Ich möchte, dass du dich einlässt auf deine Lebensader. Unendlich wertvoll bin ich, denn pass auf, ich kann dir leicht davonfließen. Überschütte dich nicht mit zu viel Lasten, sie könnten dich davon abhalten, meine eigentliche Zielsetzung zu genießen."
Ich: „Ich liebe dich, Leben, du bist so geliebt von mir. Ich muss loslassen, mich zu sehr an dich zu hängen, ein Risiko bist du, das ist mir klar. Ich gehe auf dein Risiko ein, damit ich später sagen kann, dass du meine Liebe und ich dein Geliebter war."

Ein Tag im Paradies

Ich bin an einem Tag im Paradies endlich bei dir angekommen. Du hast mich hineingeführt und an der Hand genommen. Die schönsten, saftigsten Früchte haben wir gegessen, sie schmeckten wie du – ich war sofort davon besessen. Immer tiefer führst du mich durch Blumenwälder. Seite an Seite, könnt dir nicht näher sein, aus den Trauben in deinem Mund verwandelt sich der kostbarste Wein. Wir haben nur uns zwei, der Rest der Welt ist für uns einerlei. Ich bin den Pfad der Liebe mit dir im Paradies gegangen. Deine Lippen, ich bin süchtig danach, so wie nach dir. Denn deine Worte klingen wie die süßesten Melodien im Paradies, worin ich mich stets aufs Neue verlier.

Verflossen

In einem endlosen Blumenmeer voller blühender Gesichter erkannte ich im Ozean der verflossenen Gefühle deines. Ich konnte diesem Bann deines funkelnden Diamanten, welcher dein Licht so strahlend in meine Augen reflektierte, einfach nicht widerstehen. Doch dann waren sie auch schon wieder verflossen wie zwei vom Regen aufgeschwemmte Seen. Doch selbst der stärkste Regensturm kann die Verflossenheit meiner Gefühle zu dir nicht verfließen lassen. Im rauschenden Ozean lass ich mich treiben und die Blüte deiner Seele wisperte mir zu, dass wir beide ineinander verflossen sind, und unsere Herzen treiben dahin wie Blumenblätter im säuselnden Ozeanwind.

Wohin du gehst

Wohin du auch gehst, denk daran, dass du stets in meinem Herzen bleiben wirst. Denn wohin du auch gehst, die Spuren, welche du bei deinem Gehen in mir hinterlassen hast, sind unauslöschbar. Doch die Strahlen, welche du mir gegeben hast, habe ich für mich aufbewahrt und konserviert. Sie durchdrangen mich in einer Nacht, in der ich meinte, mich selbst zu verlieren. Wohin du auch gehen wirst, ich möchte, dass du weißt, dass dein Ziel stets auch das meine sein wird. Wohin du auch gehst, deine Gefühle, deine Gedanken an uns beide werden bei mir ankommen, ganz zart, als wären sie nur gehaucht. Sie werden dich zu mir zurückbringen, eines Tages. Wohin du auch gehst, ich möchte, dass du verstehst, meine Liebe, dass nur du alleine den Weg zusammen mit mir bis ans Ende dieser Welt gehst.

Eines Tages

Eines Tages würdest du neben mir liegen. Von deiner unfassbar zärtlichen Art würde ich nie genug kriegen. Deine Augen berührten mein Herz und sahen in ihm meinen versteckten Schmerz. Eines Tages würdest du endlich begreifen, dass wir beide wie Früchte nur miteinander reifen. Eines Tages würde ich dich in meinen Bann ziehen und du würdest mir nie mehr entfliehen. Eines Tages würdest du mich nur ansehen und meine Tränen dir gegenüber würden an deiner Seele vergehen. Eines Tages würdest du mit mir über die gefährlichste Brücke gehen, bis wir uns im sicheren Tal wiedersehen. Eines Tages würdest du mir schenken jede Sekunde deiner wertvollen Zeit. Du und ich wären dann nur noch zu zweit. Eines Tages würdest du mich nie mehr loslassen und du würdest mich endlich erkennen und nie mehr verlassen.

Unser Sinn

Ich hinterfrage oft den Sinn, den du mir gabst, nachdem du diese Worte zu mir sagtest und mich an der Hand genommen hast. Es war ein Einschreiten in neue, reine Parallelwelten. Ich konnte mich nicht erinnern, jemals so etwas Schönes, Verzauberndes gefühlt zu haben. Tief in mir machte sich etwas auf, deine Augen berührten mich wie der erste Sonnenstrahl nach langer Kälte auf der Haut. Die Suche nach mir selbst endete, denn ich wusste, dass du der Teil von mir bist, den ich nun gefunden habe. Mit dir fühle ich mich vollendet. Allein mit dir zu sein, ist mein tiefster Sinn.

Von dir zu träumen

Von dir zu träumen, ist mein schönster Lebensgewinn.
Denn in diesen Träumen spiegelt sich schillerndes Dasein darin.
Du erscheinst mir im schönsten Licht, der Glanz der Wellen reflektiert dein Gesicht.
Du bist mir näher als jedes andere Wesen hier auf diesem Erdenplaneten.
Wenn ich in deinen Armen liege, regnet es die hellsten Kometen.

Traumwelt des Ichs

Ich meinte, zu ahnen, wie es wäre, im Raum der Selbstlosigkeit ohne Grenzen immer wieder bei dir anzuklopfen. Du öffnest mir, ich trete ein und ich kann nur noch staunen, denn ich bin ummantelt von Geborgenheit und Zartheit. Diese Kraft der Anziehung, ich kann es nicht mehr vollbringen, sie zu durchbrechen. Spielerisch leicht ist sie und doch so voller Macht. Ich erblicke deine Augen, welche doch nur eine Reflexion meines Ichs sind. Wenn ich sie ansehe, denke ich an strahlende Sommertage, wir spielten am Wasser, dessen reine Klarheit all meine Tränen von dir auffing, denn es war deine Seele, die dir einst davonschwamm und durch mich nun Flügel zum Fliegen bekam. Du streckst deine Hand aus und wenn ich sie berühre, merke ich, wie ich auch einen Teil von mir berühre. Es ist der Teil, welcher sich so nach vollkommener Ganzheit sehnte. Selbstlos sind wir, denn wir gehen Stück für Stück von der Auflösung des Ichs in den Raum der nie endenden Selbstlosigkeit über. Komm, mach weiter so, denn sonst würde ich an deinen Scherben der Auflösung zerbrechen.

Liebe, Liebe?

Wie geht es dir in diesen oft so dunklen Zeiten? Ist es für dich überhaupt ertragbar, zu existieren in einer Zeit, wo dir so wenig Raum gegeben wird? Wenn ich behaupte, du wärst ausgesperrt, würdest du mir widersprechen? Oder würdest du antworten: Ach, ich regiere doch sowieso als Oberhaupt dieses gesamten unergründlichen Lebens. Wie kommst du zu dieser Vermutung? Bist du, liebe Liebe, nur ein Wunschdenken jedes einzelnen Individuums? Ich denke es oft schon, denn ich meine zu sagen, dass die Gedanken nur eine kleine Vorstufe deiner unendlichen Vielfalt sein möchten. Du willst einziehen in die Tiefen eines Menschen, nicht wahr? Ja, aber selbstgebaute Mauern mit tiefen Einrissen hindern dein so wärmendes, erfüllendes Dasein. Was wären wir nur ohne leere, gefangene Wesen in den Weiten des endlosen Universums auf der Suche nach etwas unmöglich Greifbaren. Was wünscht du dir, liebe Liebe? Ich denke, du wünscht dir, lebendig zu werden in jedem Einzelnen, eine unsichtbare Verbindung, welche unter deinem Namen steht und ununterbrochen fließen will, ja, du bist für die Unendlichkeit gemacht.

Wenn sich der Himmel verfärbt

In Himmelsweiten erkennt man oftmals die unglaubliche Schönheit, welche man auf Erden niemals finden würde. In Himmelsweiten befindet sich die unerklärliche Offenbarung von uns beiden. In Himmelsweiten lassen wir uns treiben von einem übersinnlichen Bann. Er lullt uns ein in eine Welt voller Wunder und Geheimnisse. In Himmelsweiten schöpfen wir neue Kraft und ich spüre dich, du bist die eine Person, die sich im Himmel widerspiegelt. Keine Sorge, all deine Wunder sind unter meinen Lippen versiegelt.

Weißt du noch?

Weißt du noch, wie du mir gegenübertratst? Du kamst in einem Hauch voller Rosenblätter. Kamst mit einem Tablett voller Kostbarkeiten. Weißt du noch, wann du kamst zu mir? Du kamst im tiefsten Traum meiner Träume und mit einem Schleier deiner bevorstehenden Selbstoffenbarung. Weißt du noch, wo du kamst in meine Welt so völlig unverhofft? Du kamst in eine Welt voller schillernder, sich im Herzen wiederspiegelnder Glasmurmeln. Sie sind durchsichtig und empfindsam für die Außenwelt. Wenn du die Murmel aufhebst und betrachtest, erkennst du die Vielfalt deiner Seele, so glasklar und wie im wechselnden Lichte facettenreich. Weißt du noch, woher du kamst? Du kamst hergeweht von einem Blütenmeer, federleicht und grazil flogst du zu mir. Weißt du noch, warum du kamst? Du kamst um dich in mir, der kleinen gläsernen Murmel, zu betrachten und wiederzuerkennen.

Ich weiß es nicht

Ich weiß nicht, wie so etwas Gigantisches passieren konnte. Ich wollte mich eigentlich nur schwerelos fühlen. Ich weiß nicht, wie ich mich immer und immer wieder überschlagen konnte, in einem Luftwirbel voll von nie endenden Gedanken. Ich weiß nicht, wie du mich so überfluten konntest mit deiner Wärme, geküsst von Sonnenstrahlen. Ich weiß nicht, wie stark ich sein könnte, in einer endlosen Galaxie voll von Sternen, wenn ich mich nur von den leuchtenden Sternschnuppen deiner Liebe ernähren würde. Würden wir beide für immer zusammen scheinen? Ich weiß es nicht. Ich weiß nicht, wie es sein würde, alleine mit dir auf einem anderen Planeten, getragen von den süßen Fäden der Schwerelosigkeit unserer Liebe. Ich weiß nur, du und ich sind schon längst abgehoben auf einem rot leuchtenden Planeten.

Wahre Kostbarkeit

Ich möchte suchen im Diesseits und erkennen und wagen im Jenseits. All deine Worte habe ich mehr als nur tief in mich hinein inhaliert. Ich suchte und fand einen Schatz, von dem ich meinte, er sei einzigartig und nährt mich, sodass er nie an Kostbarkeit verliert. Auf Samt liegt er in purem Gold, er glänzt und funkelt so lieblich und hold. Nur ich kann ihn berühren und weiß über seine Existenz Bescheid. Ansonsten wären alle von ihm verführt, und zwar meilenweit. Eines Tages jedoch konnte ich mich nicht mehr an ihm erlaben, ich suchte und brauchte dringend neuere kostbare Gaben. Alles Drehen und Wenden war aussichtslos, ich spürte, mein ganzes Selbst wurde ruhelos. Es wollte ausschweifen und erkennen. Der einzige Schatz ist die Erkenntnis von mir, so unvergleichbar kostbar, du kannst sie nie verlieren und keiner außer dir kann sie benennen.

Zitate

„Dein Sein ist ein unvollendeter sich auffüllender Teil meines suchenden Teils."

„Dein Leben ist eine stetige Reise zur Erlösung und Auflösung deines Ichs."

„Wenn du dir deines guten Herzens bewusst bist, lässt dich niemand mehr an dir zweifeln."

„Deine Einstellung ist die Öffnung deiner gesamten Welt."

Wenn sich der Himmel verfärbt

In Himmelsweiten erkennt man oftmals die unglaubliche Schönheit, welche man auf Erden niemals finden würde. In Himmelsweiten befindet sich die unerklärliche Offenbarung von uns beiden. In Himmelsweiten lassen wir uns treiben von einem übersinnlichen Bann. Er lullt uns ein in eine Welt voller Wunder und Geheimnisse. In Himmelsweiten schöpfen wir neue Kraft und ich spüre dich, du bist die eine Person, die sich im Himmel widerspiegelt. Keine Sorge, all deine Wunder sind unter meinen Lippen versiegelt.

Träumte ich?

Träumte ich oder träumtest du schon den Traum, dessen Deutung nur in der tiefsten Schatztruhe unserer Herzen zu finden wäre? Ein ungeöffneter Gedanke, eine leere Gedankenblase. Sie blubbert dahin wie Gallertmasse in den unendlichen Weiten des Universums. Dieser Traum als eine Symbolisierung dessen, was du und ich füreinander sind. Ja, diese Traumblase, sie fliegt umher und möchte sich niederlassen nur in der geöffneten Herzschale von dir. Ein Traum, dessen Konservierung nur ein Flügelschlag von dem Paradies entfernt sein kann. Ein Traum, dessen Realität zu mir schwimmt, immer schneller und schneller. Und mein Herz, es merkt, die Nacht verschwindet und es wird heller und heller.

Wellenspiel

Auf und ab, hinauf herunter.
Unermüdlich – immer munter.
Unersättlich, tosend, wild.
Schöpfungsstark verklingend mild.
Schäumend, lechzend, anrollend fressen sie sich an ihr Ziel.
Dann verebben sie, klingen sanft aus und sind totenstill.

Vorherbestimmt

Alles in deinem Leben ist vorherbestimmt. Es ist wie eine Brise, die dich sanft führt mit dem Wind. Jeder Mensch tritt in dein Leben aus einem bestimmten Grund, teilweise macht ihr euch gegenseitig wieder gesund. Teilweise könnt ihr euch gegenseitig erkennen. Du denkst seine Worte, er muss sie nicht mal zum Namen nennen. Jeder deiner Schritte führt dich in deine vorherbestimmte Richtung, glaub mir, selbst nach dem dunkelsten Waldweg folgt eine Lichtung. Vorherbestimmt, es ist wichtig, darauf zu vertrauen. Eines Tages wirst du in Liebe auf eine dir vorbestimmte Person schauen.

Die Augen von dir

Ich merke es so oft, dass du mich ansiehst mit Augen, wie es kein anderer jemals bei mir getan hat. Deine Augen sind so gefüllt von Liebe und Wärme, sie ummanteln mich damit. Bei deinen Augen fühle ich mich vollkommen und vollendet. Wenn wir uns lange ansehen, länger als der übliche Augenblick spüre ich den lebendigen Energieaustausch zwischen uns beiden. In der Tiefe deiner Augen liegt in deren Glanz dein gesamtes innerstes Selbst. Ich merke, du willst mich vollkommen für dich alleine. Wenn ich daran denke, wonach sich deine Augen wirklich sehnen könnten, fühle ich, wie mich ein Hauch deiner Wärme umgibt. Für immer in deine Augen, Liebster, möchte ich sehen, bis wir beide von dieser Erde gehen.

Tautropfen

Im seichten Morgenlicht fühlte ich einen Tautropfen und er erinnerte mich an dich. So rein, und er erinnerte mich an dich. So rein und klar benetzte er mich, durch seine kühlende Frische erkannte ich dein lebendiges Gesicht. Du trägst bei zu meiner Lebendigkeit, der eine erfrischende Tautropfen erinnerte mich an unsere Zweisamkeit. Ich seh ihn an und sehe mich als Spiegel darin. Ich könnte mich bei seinem Anblick verlieren, denn allein in ihm liegt mein tiefster Sinn.

Was du mir sagst

Was du mir sagst, sind mehr noch als nur gesagte Worte. Es ist ein inniges Suchen deiner Seele, welche sich nach der Verknüpfung zu meiner sehnt. Es ist ein stetiges sich öffnen und wieder loslassen. Dein Gegenüber kann meine Seele noch mehr vollenden, als dass die deine es je zu erahnen wüsste. Tiefer, immer tiefer sinken deine Worte in die Tiefen meines glänzenden Seelenkerns. Dort entscheidet mein Seelenfilter, welchen Teil er für sich herausfiltert und welche wirklich in den Seelenkern gesendet werden. Denn dort sammeln sie sich an, sie lassen sich nieder, wie ein Vogel, welcher putzt sein prächtig glänzendes Gefieder. Und deine Worte beginnen mich zu berühren, sie wachsen und gedeihen im Seelenkern, die anderen Worte, ja, die bleiben für immer fern.

Du und ich

Du sagst, du willst mich bei dir haben. Meine Nähe, dich an mir erlaben, dein Herzschlag will sich meinem anpulsieren. Ich denke, du könntest mich niemals mehr wollen als jetzt. Die Zeit vergeht schnell und ebenso die Karte, die du auf mich setzt. Du und ich, zwei Wesen, immer enger miteinander verschlungen. Sag, erinnerst du dich noch, wie wir haben den Reigen unserer Zärtlichkeit gesungen?
Ich meinte mich zu erinnern an unseren gemeinsam getanzten Reigen. Er kam so plötzlich und dann endete er im Schweigen. Im Schweigen, oh wie tief deine Blicke, sie fingen die meinen regelrecht in sich auf. Du fließt wie der Strom des Flusses und ich nehme es in Kauf. Ja, ich nehme es in Kauf, dich dahinfließen zu lassen, wo du hergekommen bist. Doch eigentlich solltest du realisieren, wie tief meine Liebe zu dir ist.

Unser Sinn

Ich hinterfrage oft den Sinn, den du mir gabst, nachdem du diese Worte zu mir sagtest und mich an der Hand genommen hast. Es war ein Einschreiten in neue, reine Parallelwelten. Ich konnte mich nicht erinnern, jemals so etwas Schönes, Verzauberndes gefühlt zu haben. Tief in mir machte sich etwas auf, deine Augen berührten mich wie der erste Sonnenstrahl nach langer Kälte auf der Haut. Die Suche nach mir selbst endete, denn ich wusste, dass du der Teil von mir bist, den ich nun gefunden habe. Mit dir fühle ich mich vollendet. Allein mit dir zu sein, ist mein tiefster Sinn.

Quallentanz

Qualle Quinada und Qualle Quindo möchten euch etwas über ihren Tanz erzählen, den sie den restlichen Meeresbewohnern einmal im Jahr vorführen.
Quinada: „Ich wohne in den tiefsten Tiefen des Meeres, zusammen mit meinem Partner Quindo, und wir können uns gegenseitig anleuchten und verschmelzen miteinander zu einer liebevollen Einheit. Um uns herum ist Finsternis, doch sehen müssen wir nichts, denn wir sind geführt von der zarten Berührung unserer Tentakel. Jede Berührung mit Quindo fühlt sich an wie für den Menschen ein elektrischer Stromschlag auf der Haut. Ein leichtes Kribbeln durchzieht meinen Quallenkörper und meine Seele beginnt zu hüpfen."
Quindo: „Wollt ihr wissen, wie ich Quinada kennengelernt habe? Ja, ich bin schon vielen hundert Quallen in meinem Leben begegnet. Doch keine ließ mich das fühlen, was Quinada in meinem Quallenkörper ausgelöst hat. Viele sind an mir vorbeigeschwommen, doch ich hätte genauso gut durch einen Hauch von nichts schwimmen können, denn ich fühlte nichts in mir. Getragen von den Wogen des Meeres und angespült Richtung Strand dachte ich, dass ich sterben müsste. Denn mit einem Mal konnte ich keinen Sauerstoff mehr einatmen. Ich fühlte, wie sich meine Quallenhaut zusammenzog und zu schrumpfen begann, und ich ringe um Luft und fühlte, wie sich mein Körper immer mehr begann aufzulösen …"
Quinada: „Ich ließ mich von den Wellen des Meerwassers treiben, um einen Moment meine Seele baumeln zu lassen. Erst ziemlich knapp merkte ich, dass das Wasser immer wärmer wurde, doch ich fühlte mich wohl in dieser mir so unbe-

kannten, angenehmen Wärme. Auf einmal hörte ich ein verzweifeltes Rufen: Hilfe, ich werde an Land gespült und muss sterben. Ich fackelte nicht lange und ließ mich der Stimme näher treiben. Nun war ich schon so weit an Land, dass meine Füße den Sandboden berühren konnten. Ich spürte die Füße einer anderen Qualle und streckte meine Tentakel nach ihr aus, um sie wieder zurück ins Wasser zu ziehen. In dem Moment, wo ich sie berührte, spürte ich etwas Wunderbares. Ein pulsierender, warmer Lichtstrom durchzog ihren Körper und mit einem Mal war sie wieder lebendig und ihr Quallenkörper richtete sich auf."

Beiden Quallen wurde wurde sehr sehr warm und sie schmiegten ihre Körper aneinander, denn ihre Liebe zueinander hatte sie erfüllt und gemeinsam hatten sie neue Kraft und sie schwammen zurück in die Tiefen des Meeres. Ihr Schicksal hatte sie zueinander geführt und ihre kleinen Quallenherzen verbanden sich miteinander.

Nun möchte ich euch noch von der gemeinsamen Aufgabe, welche für Quindo und Quinada wie gerufen kommt, erzählen. Wenn Quindo und Quinada im Meer zusammen schwimmen gehen, so ist das Meer, je tiefer man schwimmt, dunkler und viele Meerestiere fallen deswegen in Angst und Trauer. Sie fühlen sich alleine und jeder Tag erscheint ihnen dunkel und monoton. Ziellos schwimmen sie umher, ohne zu wissen, wohin. Quindo und Quinada wollen solchen Meerestieren ein Licht der Hoffnung sein, sie schwimmen einander entgegen und dann verschmelzen ihre Quallenkörper ineinander und eine helle farbige Lichtwolke explodiert und geht von ihren Körpern aus. Sie erhellen das Meer so lange, wie ihre Körper miteinander verschmolzen sind. Da dies für die beiden sehr mühsam ist, denn ihnen wird sehr warm dabei, ist ihre Explosionsfontäne in der Regel höchstens zehn Minuten lang. Viele Meerestiere halten an und staunen über dieses farbige Lichterspiel. Sie fühlen sich mit einem Mal mit Leichtigkeit erfüllt und voller Freude. Sie fühlen die kribbelnde Wärme, die von den Quallen ausgestrahlt wird. Für einen Moment wird ihr Leben erhellt und fröhlich aufgetankt schwimmen sie ihren Weg weiter. Stolz und aufgeregt erzählen sie den anderen Meerestieren von ihrem besonderen Erlebnis. Doch niemand der Meerestiere bekommt dieses Wunder ein zweites Mal zu sehen. Die zwei Quallen wechseln schnell ihren Ort und erfreuen jeden Tag aufs Neue die Meeresbewohner mit ihrer farbigen Quallenexplosion.

Was du willst

Du willst mich. Du willst mich ganz. Du willst mich so sehr. Du willst mich mehr als alles andere, was du je haben wolltest. Du willst verspeisen, mich dann aber hinterher verreißen. Dann willst du mich halb. Dann willst du mich nicht. Du willst es mir nicht sagen ins Gesicht. Du willst weg, du willst weiter. Dein Wille steigt mit dir auf eine hohe Leiter. Und dann fällt er, er fällt tiefer, immer tiefer. Schließlich musst du willenlos zugeben, dein ganzer Wille diente nur dazu, dich selbst so bitter zu betrügen.

Wohin du gehst

Wohin du auch gehst, denk daran, dass du stets in meinem Herzen bleiben wirst. Denn wohin du auch gehst, die Spuren, welche du bei deinem Gehen in mir hinterlassen hast, sind unauslöschbar. Doch die Strahlen, welche du mir gegeben hast, habe ich für mich aufbewahrt und konserviert. Sie durchdrangen mich in einer Nacht, in der ich meinte, mich selbst zu verlieren. Wohin du auch gehen wirst, ich möchte, dass du weißt, dass dein Ziel stets auch das meine sein wird. Wohin du auch gehst, deine Gefühle, deine Gedanken an uns beide werden bei mir ankommen, ganz zart, als wären sie nur gehaucht. Sie werden dich zu mir zurückbringen, eines Tages. Wohin du auch gehst, ich möchte, dass du verstehst meine Liebe, dass nur du alleine den Weg zusammen mit mir bis ans Ende dieser Welt gehst.

Ich sehne mich

Ich sehne mich nach blühenden Frühlingswiesen. Nach dem Duft der Blumen, welche so herrlich sprießen. Nach Früchten, welche vergehen lieblich auf meiner Zunge. Nach klarer Luft, die füllet meine Lunge. Nach Endschweifen in endlose Weiten. Dem Anbruch des Tages, ich lasse mich nur noch von innen leiten. Nach dem Lächeln eines Menschen, doch er ist nicht hier. Es ist kalt und eingefroren hier bei mir. Von Sehnsucht sind wir getragen. Sie kann beschwingen und auch plagen. Ja, ich sehne mich am allermeisten nach dir. In meiner erfundenen Sehnsuchtsblase wärst du für immer bei mir.

So schön

Nichts ist so schön wie du. Deine Schönheit ist so bezaubernd wie im Märchen. Stetig ist sie in meinen Gedanken auflauernd. Deine Schönheit ist betörend. So unglaublich inspirierend, fast schon verstörend. Nichts und niemand kann mich jemals so lieben, wie du mich liebst. Nichts ist so schön wie deine zärtliche Art. Du bist der, der meine Fehler kennt und mir sie alle vergibt und mich trotzdem liebt. Nichts ist so schön wie deine Augen, die mich einhüllen. Nichts ist so schön wie deine Liebe, so überschäumend voll Wärme, sie wird mich für immer erfüllen.

Zitate:

„Leben ist wie ein Wandeln durch einen Spiegelsaal – am Ende solltest du deine eigene Reflexion geliebt haben."

„Im Dialog erkennen und erfassen sich die Seelen."

„Ich meinte, zu sagen, dass du die Öffnung meines gesamten unglaublich erfüllenden, farbigen Universums bist."

Was uns voneinander trennt

Uns trennen häufig Ort und Zeit, doch weißt du, ich würde für deine Liebe sogar rennen meilenweit. Wie oft wünschte ich, wir wären uns schon viel früher begegnet unverletzt, rein und klar. So wie jeder von uns es einmal am Anfang war. Uns trennen unsere Gedanken, wir sehen uns an, doch durch unsere Trennung gerät meine Welt ins Wanken. Würdest du sie teilen mit mir, deine innersten Gedanken? Ja, sie ziehen ruhelos umher. Ich würde sie auffangen und in mir aufbewahren. Ja, ich möchte nur eines, dich verstehen. Du verschwimmst immer mehr vor meinen Augen, bald wirst du von mir gehen. Wie oft ziehen mich die Gedanken an dich fort in die endlose Ferne. Deine Gedanken sind so unerreichbar für mich wie am Nachthimmel die Sterne.

In uns

In uns so ist viel Leere und Gleichgültigkeit. Die Tage kommen und gehen, was fühlst du wirklich in dir, was hält dich fest, bringt dich zum Stehen? Strecke deine Hand nach mir aus, kann sie mich jemals erreichen? Die Leere in uns gleicht einem Geisterzug, er fährt endlos ohne Weichen. Wir sind so leer wie das Echo einer Eule im Wald. Es kommt, es geht, es wiederholt sich, es verhallt. Deine Tränen, sie erdrückten deine innere Leere. Jeder einzelne Wassertropfen am Fenster, ich zählte sie alle ab. Auf einmal erkenne ich, wie leer wir waren. Sch sammle sie auf und gieße sie in unsere leeren Seelenbehälter herab.

Was du mir sagst

Was du mir sagst, sind mehr noch als nur gesagte Worte. Es ist ein inniges Suchen deiner Seele, welche sich nach der Verknüpfung zu meiner sehnt. Es ist ein stetiges sich öffnen und wieder loslassen. Dein Gegenüber kann meine Seele noch mehr vollenden, als die deine es je zu erahnen wüsste. Tiefer, immer tiefer sinken deine Worte in die Tiefen meines glänzenden Seelenkerns. Dort entscheidet mein Seelenfilter, welchen Teil er für sich herausfiltert und welche wirklich in den Seelenkern gesendet werden. Denn dort sammeln sie sich an, sie lassen sich nieder wie ein Vogel, welcher putzt sein prächtig glänzendes Gefieder. Und deine Worte beginnen mich zu berühren, sie wachsen und gedeihen im Seelenkern. Die anderen Worte, ja die bleiben für immer fern.

Gedanken

Gedanken, wir weisen sie oft in Schranken, wir bitten sie, sich zu verschließen, denn oft dominieren sie uns, statt dass wir sie genießen. Sie verschlingen uns wie die Schlingpflanzen im Dschungel. Du versuchst, dich zu befreien. Doch sie umgarnen dich mit ihren Schlingen. Mal prachtvoll und träumerisch, du hörst sie die schönsten Melodien singen. Versuchst du, sie zu lenken in eine Richtung, die dir gelegen ist, ummauern sie dich, lassen dich fühlen leer und trist. Ich sehe Gedankenblasen wie Luftballons in die Lüfte steigen, sie sind schwerelos und schön und tanzen ihren Reigen. Einen Reigen, bei dem sie sich immer mehr ineinander verweben. Helle Gedanken sind wie ein Segen. Ein Segen, den Gott allein geschaffen hat. Wie der Morgentau, bestrahlt von Sonnenlicht.

Doch wenn die dunkle Nacht aufzieht, dann ahnst du nicht. Du ahnst nicht, wie die Gedanken dich wie Tiefseeungeheuer verschlucken können. Sie ziehen dich mit ihren langen, klebrigen Tentakeln in die Tiefe. Es ist dunkel dort unten am Meeresgrund. Tiefer und tiefer, bis der Meeresboden mit seinem Schlamm sie verschluckt und du verstehst nie den Grund. Nein, du verstehst nicht den Grund und woher diese Ungeheuer in deinem Kopf gekommen sind. Du wünscht dir, sie würden weggeblasen werden. Doch sie sind stärker und mächtiger als du, du hast den Kampf schon verloren, ehe du ihn begonnen hast. Sie können wie ein Feind für dich werden. Wenn sie dich einmal schnappen gegen ihre spitzen Zähne, musst du dich wappnen. Doch Gedanken können dich auch in die Lüfte heben, sie befreien dich aus der Realität, du kannst nur noch schweben. Du hüpfst von Wolke zu Wolke in himmlischen Sphären. Ja, von solch beflügelnden Gedanken könntest du dich auch auf Dauer ernähren. Es ist, wie als würdest du dir die köstlichsten Früchte herauspicken und genussvoll verzehren. Die guten Gedanken solltest du am besten für immer konservieren und verehren.

Sprache des Ozeans

„Was gibst du mir?“, fragte ich dich und deine Antwort kam in tosenden Wogen auf mich zu. „Ich küsse dich stürmischer, als jeder Mensch es tun kann. Ich umhülle dich mit meiner salzigen Zärtlichkeit. Meine Wellen umspielen und berühren deine Sinne, ich reiße dich mit in eine Welt, von der du vorher noch nicht einmal zu träumen gewagt hast.“
Ich wusste nicht, nein, und ich hätte auch niemals zu erträumen gewagt, wie berauschend deine Wellen mich überschwemmen werden, ich spüre in mir pure Lebendigkeit. Sie erfrischen meine Seele, sie durchströmen mein gesamtes Sein … Ich lasse mich treiben in diesen Fluten, welche der Ozean mit sich trägt. Es ist allein nur dieser Moment bedeutsam für mich, denn er trägt die pure Leichtigkeit in sich.

Meer: „Du Mensch bist nun erquickt und von mir umgarnt worden. Sag mir, hast du noch irgendwelche Sorgen? Ich gebe dir mehr und mehr, denn einst warst du innerlich trist und leer. Wusstest du überhaupt, was dein Sinn hier auf Erden ist? Kennst du deinen Ursprung, weißt du, wer du bist? Ich bin so voller Kraft, mein Ursprung? Ich glaub, er heißt Unendlichkeit. Ich kenne keinen Anfang und kein Ende. Die Zeit lege ich mir selber in die Hände.“

Ich: „Zeitlosigkeit … was wäre das für ein schönes Gefühl? Was, wenn Zeit mir unterlegen wäre und macht, was ich will? Mein Ursprung ist begrenzter als der deine, meine Zeit hier von unsichtbaren Händen limitiert. Ich bin es, die abhängig von dir ist, deine Lebendigkeit inhaliert. Im Vergleich zu dir bin ich nur einen kurzen Moment auf dieser Erde. Ich

fühle mich klein, hilflos und leer. Oftmals nur ein Niemand in einem riesigen Menschenmeer."
Meer: „Du bist winzig und meinst, du bist nichtig? Dabei ist genau deine Anwesenheit bedeutsam und wichtig. Du kannst so vieles hier bewirken, Mensch, selbst wenn dein Leben von meinen Fluten droht zu zerbrechen. Bleibe stark und denk daran, wie ich es tu, es geht immer weiter. Ich spüle nun von dir ab allen Schmutz und deine Sorgen. Tauche in mich, denn in mir sind wertvolle Schätze verborgen."

Ich: „Wenn ich in dich hinein springe, fühle ich, dass wir beide füreinander erschaffen worden sind. Du vollendest mich mehr als jedes physische Wesen hier auf diesem Planeten. Ich erkenne nun, dass meine Hand mit der deinen auf unsichtbare Art und Weise verbunden ist. Meine Seele beginnt an der Wasseroberfläche von dir sich abzuheben und zu schweben. Ich wünsche mir, für immer mit dir in deiner Reinheit zu leben."

Denkende Bücher

Ich lief eines Nachts durch einen pechschwarzen Tannenwald. Es war so dunkel, dass es mir nahezu unmöglich war, den Weg, auf dem ich ging, zu erkennen. Die sternenbedeckten Auen sah ich von der Ferne funkeln. Auf einmal fühlte ich mich einsam und eine mir bisher unbekannte Angst stieg in mir hoch. Ich brauchte mich jedoch nicht lange zu fürchten, denn ich spürte diese Stimme in mir, eine Stimme nicht von mir selbst. Es war eine Stimme meines magischen Wunderbuches „Mein Ratgeber in dunklen Stunden“ war sein Name. Das Buch öffnete schon von alleine das richtige Kapitel. Die Seiten des Buches funkelten in hellem Licht. Es flüsterte mir diese magisch klingenden Zeilen zu: „Schau nach oben, da funkelt ein heller, auffallender Morgenstern, dieser Stern wird dir den Weg weisen. Nachdem es diesen Satz gesagt hatte, wurde es wie von Wunderhand angehoben und schwebte wie eine helle Sternschnuppe zurück in sein Bücherregal. Dort ging es zu wie in einem Flughafen für Bücher. Jedes Buch weiß genau, zu welchem Menschen es fliegen soll. Wenn es wegfliegt, blinkt es in einem hellen grünen Licht. Wenn es landet in rotem Licht, damit die anderen Bücher wissen, dass es Platz zum Landen braucht. Ich lief dem hellen Morgenstern hinterher und war zutiefst dankbar für das Buch. Mein Herz war erfüllt mit Freude und Liebe. Ich sagte zu mir: „Was brauche ich in meinem Leben noch, außer diesem Buch, welches in jeder Lebenssituation für mich da ist?“ Denn mein Buch ist treu und macht mir keine Vorwürfe, ich muss mich nicht rechtfertigen, mich in Lügen verstricken. Ich bin, wie ich bin, und es lässt mich so. Ja, was ist ein Buch nicht alles wert, ist es nicht eine Art Freund, ein Partner, eine Zuflucht aus einer Welt, in der so viel Kälte herrscht? Ein Abheben, ein Entfernen aus der Realität, wo so vieles mich bedrücken könnte und möchte. Ich fühlte mich wieder glücklich und frei, diese Nacht war so bezaubernd schön. Diese innere Verbundenheit mit dem Universum, diese wunderbare Vollendung."

Am nächsten Tag ging ich aus dem Haus, denn mein magisches Wunderbuch hatte mich eingeladen, es zu besuchen in der magischen Wunderbibliothek. Es war ein nebliger Morgen, alles war grau und trist. Um mich herum Menschen voller unglücklicher Gesichter, müde und fahl. Jeder Mensch, den ich betrachtete, wirkte auf mich wie ein wandelndes Buch. Das Leben schreibt für jeden Menschen seine individuelle Geschichte. Ich lief vorbei an ihnen und lächelte ihnen zu, denn ich spürte im Inneren, wie sehr sie dieses Lächeln brauchen. Noch ein paar Meter und dann würde ich da sein. Ich sah das rotgrüne Leuchten schon von der Ferne. Fasziniert betrachtete ich das bunte Getümmel. Im Inneren wünschte ich mir, dass mein magisches Wunderbuch mir den Weg weisen würde durch diesen Dschungel von Lichtern hin zu ihm. Da hörte ich ein Flüstern von der Stimme meines Buches: „Du brauchst dir keine Gedanken zu machen, wohin du gehen sollst, der Weg, der für dich bestimmt ist, wird sich dir ebnen."

„Was ist das für ein Titel?", fragte ich mein Buch.

Das Buch antwortete mir: „Sei zuversichtlich und vertraue auf mich, denn den Titel dieser Sätze trägst du, mein kleines Menschenkind, bereits tief in deinem Herzen."

Zitate:

„Lass dein Gegenüber zu einer Reflexion deines Ichs werden."

„Wenn ein Schlüssel verloren geht, ist es ein Zeichen für ein neues Schloss."

„Schöne Momente – zusammengeflickt ergeben sie den fliegenden Teppich des Lebens."

Deine Liebe

Deine Liebe zu mir ist stärker als alles andere jemals zuvor. Ich brauch mich nicht mehr fürchten, denn die Engel singen mir etwas vor. In meiner Dunkelheit bist du mein Licht, denn du gibst mir wieder Zuversicht. Jede Sekunde bist du mein hellster Stern. Du beschützt mich und hältst Böses von mir fern. Deine Berührung ist, wie wenn himmlische Wolken miteinander tanzen. Deine liebevolle Art ist wie Honig, schmelzend süß und zart.

Fantasiereise (Intro)

Ich ging über taubedeckte Auen, unter Sternen, welche mir die vollkommene Schönheit des Seins verdeutlichten. Alle Gedanken begannen sich zu drehen, die Zeit blieb stehen. Meine Füße leicht und schwerelos, es fühlte sich an wie schweben. Ich verschmolz im Einklang des Seins. Lieber Moment, halt an, halt mich gefangen, ich möchte noch nicht gehen.

Intro Teil 1

„Halt – Stopp – Nein", ruft der Moment zu mir „lass dich herein, dann kannst du für immer in mir gefangen sein."
Wie wäre es für immer in diesem Moment zu verharren? Würde ich mich in einer Blase des Glücks verfangen und zu einer göttlichen Statue erstarren? Mein Herz, es wartet auf diesen einen Moment nur mit dir. Doch eine Stimme in mir sagt, dass ich dich nach diesem Moment wieder verlier. Was ich fühlen würde in diesem Moment mit uns zweien? Ich würde erreichen mein ewiges Begehren. Dieses Begehren ist einfach unersättlich, es hungert nach deiner zärtlichen Berührung. Wir kleben aneinander, unsere Körper verschmelzen im Reigen des tanzenden Nebels bis zum ersten Sonnenstrahl. Verlass mich noch nicht, sonst fließen meine Tränen, der Moment erlöscht – unsere Gesichter aschfahl.

Intro Teil 2

„Ich merke wie du dich mir mehr und mehr hingibst, erst kannst du es kaum glauben, dass es so etwas gibt, verloren sein im Sein des Momentes. Doch dann spüre ich, wie dein Herz vor Freude lacht, du verlierst dich in Unendlichkeit – was hab ich da bloß mit dir gemacht? Komm, öffne die Tore deiner Seele, lass mich in sie hineinziehen, ich verspreche dir, so schnell kannst du mir nicht mehr entfliehen. Ich werde dich mit meiner Leichtigkeit umgarnen, keine Sorge deine dunklen Seiten kann ich nun tarnen. Ja, jetzt hab ich dich in mir gefangen. Komm, lass es zu, ich stille jetzt dein tiefstes Verlangen.“

Intro Teil 3

„Ich weiß nicht mehr, wer ich bin und welche Zeit wir haben, ich bin so in dir, in deinen offenen Armen der Geborgenheit. Nach kurzem Widerstreben meines Verstandes, meinem letzten kleinen Funken der Vernunft. Ich lass mich fallen, ich falle tiefer, immer tiefer in dich hinein, auf einmal ist für mich nur noch Sonnenschein. Ich verschmelze im Einklang mit dir. Ich falle und habe Angst vor dem bitteren Aufprall – stattdessen lande ich auf einem aufgegossenen Liebesschwall. Meine Gedanken, sie schwirren wie Libellen im schönsten Glanz. Was du mit mir machst, berührt mich und macht mein gebrochenes Innerstes wieder ganz.“

Intro Teil 4

„Ja, das ist genau, was ich will, du schließt die Augen, die restliche Welt ist für dich still. Du bist ausgeschaltet für alles andere, das ist genau das, was ich will. Kannst du es fühlen, dieses zeitlose Gefühl? Erkennst du endlich, was du wirklich willst? Kann es sein, dass nur du das in deinem Leben brauchst, wie als wenn du deinen Durst an einer Quelle stillst? Lass es uns weiterführen, ganz nach meinem Belieben, versuch für dich nur das wertvollste herauszusieben.“

Zitate

„Als ich die Liebe erkannte und sie begann, mich in höhere Ebenen schweben zu lassen, da wusste ich, was Paradies für mich bedeutet.“

„Dein Sein ist ein unvollendeter sich auffüllender Teil meines ebenso suchenden Teils.“

„Wenn du einen Stern im Universum für dich gefunden hast, trägst du für immer sein Licht in dir.“

Vom Helfen und so …

Es war einmal vor langer Zeit die Sitte, dass man für jede gute Tat einen kostbaren Goldtaler bekommen hat. Mit diesem Goldtaler hatte man selber wieder einen Herzenswunsch frei. Den Goldtaler, so war die Regel, sollte man sofort einlösen. Sonst würde er seine Wirkung schon nach wenigen Minuten verlieren. Der gute Mensch war gefragt zu dieser Zeit. Man sieht es dem Menschen an, welcher den anderen Menschen viel hilft, denn er sammelt das Gold nicht nur äußerlich, sondern auch innerlich für sein Herz. Das Herz von diesem Menschen würde im Lauf der Zeit von Blattgold überzogen sein. Man spricht dieser Tage auch von dem Menschen mit dem vergoldeten Herzen. Die anderen Menschen erkennen dies daran, dass ihr Herz in seiner Gegenwart von einer unbeschreiblichen Freude erfüllt wird. So ging ein guter, helfender Mensch eines Nachts durch einen dunklen Wald und er lief dort ein ganzes Weilchen, um den schönen Sternenhimmel zu genießen. Wie wunderschön ist diese Welt, dachte er für sich. Er badete in diesem Gefühl des Glücks. Auch sein Herz, welches bereits bis zur Hälfte mit Blattgold bedeckt war, freute sich und es funkelte vor Freude. Da ertönte plötzlich ein herzzerreißender Schrei und der gute Mensch spürte ihn bis in die Tiefen seines Herzens. Sofort folgte er dem Schrei. In der Ferne erkannte er die schemenhaften Umrisse einer gebrechlichen alten Frau. Sie wollte in der Nacht ihre entlaufene Katze suchen, denn diese war das Einzige, was ihr noch im Leben geblieben war. Auf ihrem Weg durch die Nacht war sie in eine Wildschweingrube gefallen und sie war voller Schlamm. Der Schreck stand ihr ins Gesicht geschrieben. Der gute Mensch ging zu ihr und berührte sie am Arm, um sie aus dem Schlamm zu ziehen. Im selben Moment spürte die Frau, wie ihr Herz von Glück erfüllt wurde, und sie spürte die Dankbarkeit ganz tief in sich aufblühen. Das Herz des guten Menschen war schon so voll mit goldenen Talern, dass es beinahe überschwappte. sich nur immer nach sich selbst geschaut zu haben. So sahen sie ihn als ein großes Idol ihrer Zeit und jeder von ihnen war sich einig, dass man eines Tages sein gesamtes Grab in purem Gold gestalten würde. Der Grabstein würde in Herzform alle anderen Grabsteine seiner Größe und Pracht überstrahlen. Denn wahre Helden sind Menschen, die ihr Leben darauf ausrichten, anderen zu helfen. Er erkannte, dass von dem, was er für andere getan hatte, eine unglaublich tiefe Erfüllung in sein Herz und damit auch in sein ganzes Leben getreten war. Er erkannte, dass es er nicht vergebens auf dieser Erde gelebt hatte, und alle Menschen fürchteten sich vor ihm, denn sie schämten sich.

Hoffnung

Silberne Perlen lösen sich aus tiefgrauem Schimmer. Immer wieder neu herab tropfen die Perlen, welche sich so sanft aus der Morgensonne lösten. Sie legen sich hernieder wie ein schmaler Lichtstrahl, der dich auffangen will und trägt. Die Perlen, sie rollen und rollen und fallen doch nie aus ihrer Bahn. Sie halten niemals an. Sie hoffen, dass ihr tiefgrauer Schimmer sie bis ans Ende stetigen Wagnis tragen kann.

Was ein Mensch sucht

Letztendlich sind die Menschen im Kern alle gleich. Nur manche denken, ihre äußeren Umstände allein machen sie reich. Im Kern sehnen sich alle nach Anerkennung und Liebe. Doch die Zeit rinnt uns durch die Finger wie der Sand durch Siebe. Nach Liebe zu suchen, manche denken, es ist doch vergebens, doch was sonst kannst du vorfinden am Ende deines Lebens? Du meintest, das Suchen lohnt sich nicht, und hast es schon längst aufgegeben. Doch hinter dem Suchen verbirgt sich etwas, ein Ankommen, merkst du es auch? Der Horizont erscheint dir auf einmal so nah statt wie sonst verschwommen. Im Inneren bist du, meine Liebe, mir doch schon so ähnlich, wann werden wir uns endlich in dieser Tiefe des Ozeans erkennen? Die Suche ist beendet, wenn unsere Herzen nur noch den Namen ihrer gefundenen Liebe nennen.

Zitate

„Wasser ist wie Liebe – es ist notwendig mich am Leben zu erhalten."

„Wer bist du, verzaubernde Liebe? Wo willst du hin? Bist du mein einziger Lebenssinn?"

„Wer die Magie des Einfachen erfasst – wird schweben."

Deine Liebe

Deine Liebe zu mir ist stärker als alles andere jemals zuvor. Ich brauch mich nie mehr zu fürchten, denn die Engel singen mir etwas vor. In meiner Dunkelheit bist du mein Licht, du gibst mir wieder Zuversicht. Jede Sekunde bist du mein hellster Stern. Du beschützt mich und hältst Böses von mir fern. Deine Berührung ist, wie wenn himmlische Wolken miteinander tanzen. Deine Liebe sie ist wie Honig, schmelzend süß und zart.

Dialog mit einer Schnecke

Ich: „Liebe kleine Schnecke, du bist so ohne Eile und Hast. Gemächlich kriechst du im feuchten Gras herum. Du bist so gemütlich, machst oft eine Rast. Sag mir, wie kann man sich so langsam fortbewegen, ohne sich dieses gemütliche Vorankommen kritisch zu überlegen?“

Schnecke: „Mein Fortbewegungsgang ist behutsam und langsam. Schneller kriechen kann ich nicht. Ich bin auf Ruhe und Rast äußerst erpicht. Ich sehe die Welt sehr intensiv und mit einem ganz anderen Gesicht. Was bringt es dir, dich immerfort zu hetzen? Wohl kannst du so ruhelos Fuß fassen und wichtige Markierungen in deinem Leben setzen? Das Verharren auf der Stelle tut doch gut. Es ist meditativ und inspiriert zu neuem Lebensmut. Ich sehe die Welt und das Leben aus einer anderen Perspektive, so riesengroß, ruhelos und laut. So, als würdet ihr die Erde zertreten, und auch auf mein Schneckenhaus verächtlich schaut und haut.“

Ich: „Das mag sein. Wie schön wäre es, Ruhe und Stille zu finden und jederzeit in dein schützendes Haus fliehen zu können? Ich könnte mich jederzeit vor Angriffen verstecken und niemand würde mich sehen und über meinem Kopf böse Pläne ausstrecken. Ganz vorsichtig würde ich mich vorantasten und bei Gefahr feinfühlig rechtzeitig den Rückzug antreten.“

Schnecke: „Ja, es gilt zu meiden den Stress, die Gefahren und die falschen Mächte um dich herum. Sich zu besinnen auf sich selbst und die Stille zu suchen, den eigentlichen pulsierenden Lebenssinn. Wozu bin ich da und warum bin ich, wie ich bin?“

Dialog mit einer Wolke

Wolke: „Mal bin ich hellweiß aufgebauscht und groß. Mal bin ich schmal und fein, verblassend und fühl mich klein. Mein Leben ist ein Auf und Ab, vom Winde verweht, doch ich fall nie herab. Bei Trauer ist meine Farbe grau und dunkel, doch ich durchschwebe sogar das Sternengefunkel. Mal den Himmel hinauf, den Himmel hinunter, doch stets gut getragen fühl ich mich putzmunter. Von oben erscheint mir die Welt bunt und klein, doch ich fühl mich wohl in meinem Wattebausch, wie Zuckerwatte schmecke ich ganz fein."

Ich: „Wie fühlst du dich, wenn du aufgebauscht bist wie Watte?"

Wolke: „Dann bin ich glücklich und frei, fluffig und weich schwebe ich durch die Lüfte und treibe ein buntes Wolkenspiel mit meinen Wolkengenossen. Manchmal fallen meine Tränen aus mir, die Erde gegossen. Doch so gerne spiele ich mit meinen flauschigen Artgenossen. Mal ziehe ich ihnen wie im Flussstrom hinterher, mal verschmelzen wir miteinander, dann sind wir ein weißes Daunenmeer."

Ich: „Wozu bist du gut, liebe Wolke?"

„Ohne mich wäre das himmlische Leben leer und kahl. Wir Wolken vermitteln euch ein Gefühl der Geborgenheit, indem wir euch umkreisen und ummanteln. Wenn wir euch umgeben, vermitteln wir euch Hoffnung. Die Hoffnung, mit Leichtigkeit und Schwerelosigkeit zu leben. Sich wegzubegeben vom irdischen Sein. Stell dir vor, du wärst getragen von einer Wolke. Ihre weiche und reine Art verzaubert dich und sie zieht dich in ihren Bann. In dieser Wolkenwelt beginnt dein inneres Selbst zu schweben. Getragen durch die seichten Lüfte. Ja, im Leben gibt es ab und an Klüfte. Doch bist du in mir, fühlst du dich leicht, meine Art, mich zu bewegen, ist sanftmütig und seicht. In dir zu sein, ist wie ein Schutzschild für mich. Stets in Sicherheit, das liegt wohl an deiner unendlich bereits tief erworbenen und endlosen Weisheit. Sich in dir geborgen zu fühlen, ist wie die Liebe, sie wird sich niemals abkühlen. Wie in einer Blase, von Watte verpackt ohne Ecken und Kanten. In meiner Wolke fühle ich Treue, statt dem Außenleben, wo sich alle abwandten."

Ich: „Hält Wolkenliebe für immer? Oder erlöscht eines Tages ihr glänzender Schimmer?"

Wolke: „Wolkenliebe ist wie der Wind, mal sanft, mal wild, mal lau, mal lind. Doch sie besteht aus zart bestücktem Gewinde. Ab und an braust ein stürmischer Wind heran und die Wolke löst sich wie Zuckerwatte in zerbrochene Stückchen auf. Es is,t als wären sie vom Blitze zerspalten, ja eine Wolkenliebe kann sich nicht für immer erhalten."

Über mich:
Geboren 1999 in Filderstadt
Nachdem ich zwölf Jahre die Schule besuchte und mein Freiwilliges Soziales Jahr in einer Einrichtung für behinderte Menschen absolvierte, entschloss ich mich zunächst zu reisen. Nach meinem längeren Auslandsaufenthalt in Neuseeland begann ich meine Ausbildung zur Heilerziehungspflegerin. Schnell bemerkte ich, wie erfüllend dieser Beruf für mich ist und mit wie viel Offenheit und Wärme mich diese Menschen Tag für Tag im Herzen bereichern. Ich wollte bei

Menschen schon immer hinter die Facette blicken und über philosophische Themen nachdenken, welche das Oberflächliche übersteigen. Seit sechs Jahren sind meine Gedichte und Geschichten für mich die Öffnung in neue, unbekannte Welten und der Schlüssel zum Glück meiner Seele. Ich wünsche euch viel Freude beim Lesen und hoffe, eure Herzen berühren zu können und den Blick auf das Wesentliche zu richten.